AF346419

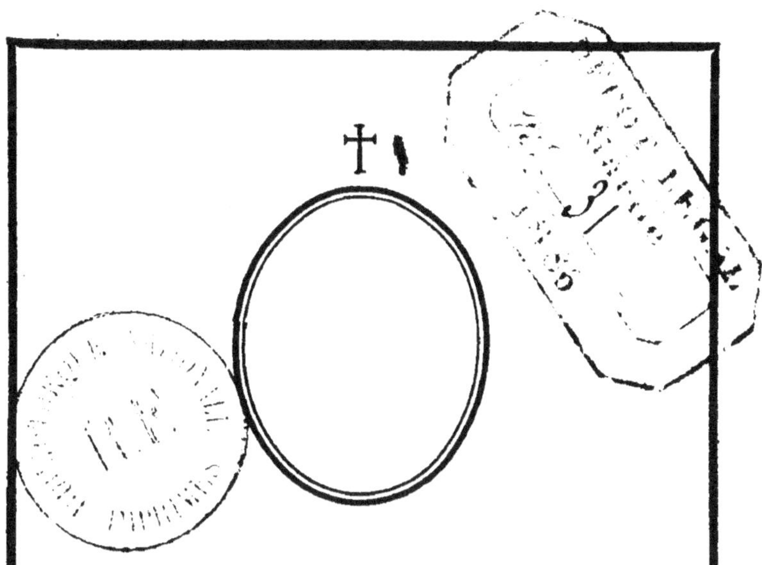

EXTRAITS DU TESTAMENT

DE MONSIEUR

Jacques-Ernest HARMEL

né à Rethel (Ardennes), le 30 Avril 1830

retourné à Dieu le Lundi 28 Septembre 1885

Au nom de la Très Sainte Trinité, du Père, du Fils, du Saint-Esprit. Aujourd'hui, quinzième jour du mois de Décembre mil huit cent quatre-vingt-trois, sachant bien que Dieu peut m'appeler à Lui, sans que je connaisse l'heure qu'Il a choisie, je déclare en sa présence mes dernières volontés.

. . . .

Je m'adressse aujourd'hui à ma famille bien-aimée et à chacun de ses membres en particulier, sans en exclure aucun de ma pensée. Je crois inutile de les nommer tour à tour ; ils savent tous que je les aime tendrement, depuis mon vénéré Bon Père jusqu'au plus jeune de mes neveux.

. . . .

Je déclare que je meurs dans la foi Catholique, Apostolique et Romaine, et que je suis absolument soumis d esprit et de cœur, non-seulement à tout ce que la sainte Eglise nous oblige à croire, mais encore à tout ce qu'elle peut conseiller par la bouche du Vicaire infaillible de Jésus-Christ.

La Très Sainte Vierge, Mère de Dieu, a daigné accorder à ma famille et à nos chers ouvriers un éclatant témoignage de sa protection. Après l'incendie de notre usine, arrivé le dimanche 13 septembre 1874, une statue de la Sainte-Vierge, placée sur un modeste socle en bois, fut trouvée intacte avec les frêles dentelles en papier qui entouraient son humble piédestal. Le feu s'était arrêté là, respectant des bâtiments annexes où se trouvaient les machines préparatoires. Cela nous permit de conserver la plus grande partie de nos ouvriers, en occupant les femmes et les jeunes filles aux préparations, tandis que les hommes travaillaient sur des métiers loués dans une filature distante de quelques lieues.

Ce bienfait providentiel nous inspira une vive reconnaissance, et, le 28 août 1875, le pieux et vénérable Archevêque de Reims, Monseigneur Langénieux, cédant aux prières de mon très aimé frère Léon, bénissait solennellement, dans la cour du Val-des-Bois, la première statue de la Sainte-Vierge sous le vocable de *Notre-Dame de l'Usine*. La cérémonie eut lieu en présence de tous les membres de notre famille, de nos ouvriers, et de quatre cents membres du Congrès de Reims, prêtres et laïques invités à cette fête mémorable. Peu de temps après, ce titre nouveau fut approuvé en cour de Rome, et Notre Saint-Père Léon XIII l'a confirmé en instituant l'archiconfrérie de Notre-Dame de l'Usine, qu'il a enrichie d'indulgences et qu'il a étendue au monde entier.

Par cette faveur extraordinaire qui restera l'évènement le plus mémorable des annales du Val-des-Bois, Notre Mère bien-aimée a voulu, non seulement exciter notre reconnaissance et celle de nos ouvriers, mais encore nous confier, dans la mesure de nos forces, la propagation de son culte comme Reine de l'usine. Ne soyons pas ingrats, exaltons notre Reine par notre dévotion toute spéciale, proclamons son pouvoir et obtenons par notre zèle que, partout, l'ouvrier reconnaisse sa souveraineté bénie et se convertisse. Car c'est par Marie que le salut du monde a commencé, c'est par Marie qu'il sera consommé, et c'est par Notre-Dame de l'Usine que le monde du travail sera sauvé.

Pour moi, je remets dès aujourd'hui mon âme entre les mains maternelles de N.-D. de l'Usine, et entre les bras de Saint Joseph, protecteur de notre famille et patron de mon vénéré Bon Père.

Je désire, comme je l'ai déjà dit, que mon corps repose à côté de celui de ma mère, près de mes enfants Charles et Jeanne, au milieu des miens, dans le caveau de la famille.

. . . .

Je demande pardon à Dieu et aux hommes de tous mes péchés, des scandales que j'ai causés, de la peine que j'ai pu faire à qui que ce soit. Je veux, autant que possible, réparer le mal que j'ai commis, et j'offre dès maintenant à Dieu toutes mes souffrances et ma vie, pour l'expiation de mes péchés, pour le salut des membres de ma famille et de nos ouvriers, et particulièrement pour la réparation des péchés de ceux que j'ai eu le malheur de scandaliser ou de contrister.

Et afin que le Souverain Juge me reçoive miséricordieusement, je déclare que j'ai déjà pardonné et que je pardonne complétement, du fond du cœur, à tous ceux qui m'ont fait souffrir en quelque manière. S'il en est qui peuvent se croire coupables d'injustice envers moi, je désire qu'ils sachent bien que, non seulement je n'éprouve aucun sentiment fâcheux à leur égard, mais que je les remercie de ce qu'ils m'ont fait souffrir. Ma conviction est qu'ils ont été les instruments de la magnanime Providence ; dès lors, comment pourrais-je, sans injustice, avoir quelque ressentiment contre eux ?

Il faut le reconnaître, notre Dieu est un Dieu d'amour ; tout ce qu'Il fait nous est bon et salutaire ; Sa volonté seule, non celle des hommes, nous impose le merveilleux travail de la souffrance ; les afflictions, la mort même, sont des messagères célestes envoyées par Sa miséricorde infinie. A la pensée que je dois bientôt quitter cette terre, je n'ai qu'un seul regret : c'est de n'avoir pas souffert davantage, et surtout de n'avoir pas mieux compris l'inestimable bienfait de la souffrance.

J'éprouve de très vifs sentiments de reconnaissance pour l'*association intime*. Je lui dois les meilleures, les plus enivrantes émotions de mon âme ! Je puis l'affirmer par expérience, le cœur le plus ulcéré trouve, dans cette association, un baume consolateur, une paix profonde et, j'ose le dire, l'ineffable joie de la souffrance. Il m'est impossible d'exprimer tout ce que le bon Dieu a mis de bonheur, d'enthousiasme, dans cette souffrance naguère insupportable, maintenant demandée chaque jour selon la divine volonté, et acceptée avec reconnaissance comme la récompense d'un peu d'amour.

O mes bien aimés amis ! vous qui continuez sur la terre votre pélerinage, parfois si douloureux, si vous vous sentez quelque jour écrasés par l'épreuve, entrez généreusement dans l'association intime. Alors, vos larmes cesseront d'être amères, votre route sera éclairée par le flambeau de la charité divine et, tandis que les hommes vous plaindront, vos cœurs seront inondés de joie.

L'association intime a exercé une merveilleuse influence sur ma vie. Plus d'une fois j'ai eu l'occasion de la propager, et l'expérience des autres a toujours confirmé la mienne. Les plus sensuels, les plus lâches, ne résistent pas à son action bienfaisante ; ils y puisent, sans effort, une soumission joyeuse et si complète que ceux qui les approchent vont jusqu'à leur supposer un courage héroïque.

Chacun désire laisser après soi un souvenir à ceux qui lui sont chers. Pour moi, mes bien aimés, le souvenir que je veux vous laisser se résume en ces mots : l'*Union de la famille*.

Soyez unis, vous tous qui êtes les descendants du Bon Père ! Que votre nombre, en s'accroissant, ne fasse que resserrer vos liens et les rendre plus intimes. Le Bon Dieu, qui a donné une efficacité spéciale à la bénédiction paternelle, a aussi accordé des privilèges incomparables à l'union de la famille ; tels sont entre autres : la puissance de résister aux attaques du dehors, la prospérité matérielle, la consolation dans la douleur et, par dessus tout, la sanctification.

1° Vous avez tous appris l'apologue « Le vieillard et ses enfants », où l'on voit des dards liés ensemble résister aux efforts des jeunes hommes, tandis que, séparés, le vieillard les brise aisément de ses mains débiles. Le vieillard, faisant l'application de cette expérience, recommande à ses enfants de se tenir étroitement unis, de vivre en frères, afin d'être toujours forts contre l'adversité. C'est ce qui arriva tant que les fils demeurèrent d'accord.

Ici, le fabuliste a négligé le point le plus important de sa comparaison, je veux parler du lien qui maintenait les dards en un seul faisceau. Quel était donc ce lien d'union pour les jeunes gens ? C'était évidemment l'autorité paternelle. Celle-ci étant disparue, les conseils du père n'ont eu d'effet que pour un temps ; puis les passions ont engendré la division, laquelle eut bientôt amené la ruine de tous. Car, dès que les membres d'une famille sortent de l'étroite union dans laquelle Dieu les a miséricordieusement créés, ils ne peuvent rester neutres ou indifférents comme avec des étrangers ; ils deviennent toujours adversaires, et parfois même, s'acharnent contre leurs frères.

Si les fils du vieillard avaient eu l'intelligence de l'autorité et de ses bienfaits, ils auraient rétabli la paternité disparue en instituant l'un d'entre eux, le plus sympathique à tous, chef de la famille. Celui-ci, par son action tutélaire, eût empêché la désunion et ses désastreuses conséquences.

Que Dieu vous garde, mes bien aimés, de l'imprévoyance de ces jeunes hommes ! N'oubliez pas que l'autorité n'est pas un joug, mais qu'elle est un bienfait nécessaire à toute société. Il ne faut rien moins que cette autorité protectrice pour adoucir les chocs résultant de nos défauts personnels, pour se dévouer à tous et à chacun, et pour annuler la fâcheuse influence de tous les consulteurs étrangers. L'union de la

famille est une merveille si rare et si radieuse,
qu'elle éblouit comme une lumière trop vive ;
elle est un mystère pour les esprits curieux
ou indiscrets, et la persévérance de ses rayons
fait d'étranges blessures qu'on n'avoue jamais.

Ceux qui se proclament vos meilleurs amis,
ne manqueront pas de faire observer : à celui-
ci, qu'il a droit au premier rang et qu'il a tort
d'accepter le second ; à celui-là qu'il est le plus
habile, que lui seul procure la prospérité et
qu'on ne reconnaît pas son mérite ; à cet autre, que son frère a tel ou tel insupportable
défaut, et qu'il serait équitable de ne le point
tolérer. Que de propos, affectueux dans la for-
me, ne viseront qu'à porter le trouble dans
vos cœurs ! Combien de conseilleurs dévoués
seraient ravis de découvrir un nuage, et au
besoin de le faire naître, dans l'azur jalousé
de votre intimité ! Je vous parle d'expérience,
j'ai subi avant vous les tentations que vous
aurez à vaincre. Considérez à bon droit comme
un ennemi, celui qui cherche à vous diviser.
Si quelqu'un vous rapporte soit un propos mé-
chant, soit un acte mauvais de votre frère, ne
discutez pas et répondez sans hésitation : cela
n'est pas vrai ! Si l'on vous offre de vous per-
suader par d'autres témoins, n'acceptez pas et
répondez encore : cela n'est pas vrai ! L'expérience vous prouvera toujours que vous avez

raison. Les méchants ne sont pas seuls exposés aux erreurs de la langue ; l'homme le meilleur, quand il parle mal d'un autre, ment sans le savoir, sans même s'en douter. Vous lui rendrez service en répondant : cela n'est pas vrai ; vous l'obligerez ainsi à réfléchir, et s'il est de bonne foi, il reconnaîtra son erreur. L'union est votre bien le plus précieux ; ne livrez ce trésor à personne et défendez-le toujours.

2° Cette union assure aussi votre *prospérité matérielle.* Je ne veux pas insister sur l'aisance que la famille peut procurer, par son concours financier, à ceux qui sont dans le commerce ; par sa confiance, elle favorise leur prospérité sans avoir à faire aucun sacrifice. Je pourrais même prouver, par des exemples, que ces placements offrent plus de sécurité que ceux faits au dehors. Mais ces avantages matériels sont très secondaires, en comparaison de la bonne renommée de la famille, laquelle est préférable à la fortune.

Ceux qui vivent en frères, alors même qu'ils n'ont qu'un capital restreint, inspirent toujours la confiance. Et c'est avec raison. Combien de maisons puissantes se sont écroulées ! Combien de ruines parmi les plus riches !... Allez au fond de ces désastres, et vous constaterez que la plupart doivent être attribués à trois causes principales, dont une seule suffit à procurer la ruine : l'inconduite, l'isolement, la division, d'où naissent le désordre, l'imprudence et la faiblesse. L'exemple de la génération du Bon Père et la nôtre, montre clairement que la réussite de chacun provient uniquement de la bonne entente de tous.

3° Veuillez, en outre, considérer les bienfaits intimes de l'union de la famille ; je veux parler des consolations que le monde, que les amis mêmes ne peuvent donner, et qu'on ne trouve que dans la famille.

Chacun a ses peines, ses déceptions, ses soucis, ses douleurs ; personne n'est tenté d'accroître son fardeau, déjà trop lourd, en prenant une part de celui des autres. Nos succès, notre bonheur, n'attirent pas non plus les sympathies du dehors ; ils nous créent des envieux, et bien des jalousies se cachent sous les plus chaudes félicitations. Telle est la loi de l'égoïsme général.

Tandis que, dans la famille unie par l'amour, les joies et les peines sont communes, et chacun y participe naturellement. Car, il n'est pas de succès pour l'un qui ne soit un avantage pour les autres ; aucun n'est visité par l'épreuve sans que les autres en soient atteints. De là cette harmonie de sentiments communs, dans la joie comme dans la tristesse, qui produit l'accroissement du bonheur ou le soulagement de la souffrance. C'est en effet la loi du cœur humain, que notre bonheur se multiplie lorsqu'il est partagé, et que notre douleur s'apaise lorsque d'autres pleurent avec nous.

Ne vous faites point d'illusion : Dieu seul crée les liens indestructibles. Ceux qui sont formés par les hommes sont toujours temporaires et fragiles de leur nature ; c'est en vain que vous réclameriez d'eux la force, la durée et les autres prérogatives que Dieu n'a accordées qu'à la famille naturelle ou spirituelle ; quelle que soit votre persévérance ou votre obstination, vous seriez infailliblement déçus. Vous rencontrerez certainement des sympathies honorables et très sincères ; mais, sachez-le, vous ne trouverez de joie correspondant à votre joie, de tristesse correspondant à votre tristesse, que parmi ceux-là seulement que Dieu vous a unis par des liens qu'Il a créés, et que vous aurez su fortifier par votre amour réciproque.

4° Enfin, mes très chers amis, l'union de la famille est un puissant moyen de sanctification pour chacun de ses membres ; et c'est là son privilège le plus admirable et le plus précieux.

Il est certain qu'on ne peut aimer réellement quelqu'un sans désirer son bonheur. Or le bonheur vient de nous-mêmes et non pas des autres ; les avantages matériels, les biens extérieurs, sont impuissants à nous le procurer ; il ne s'acquiert que par la pratique de la vertu. Plus un homme est vertueux, quelle que soit d'ailleurs sa condition, plus il est parfaitement heureux. C'est pourquoi, par le fait de sa divine origine, la famille, à tous les degrés de l'échelle sociale, nous porte au bien, soutient notre faiblesse, gémit de nos erreurs, encourage nos efforts et fait, de chacun de ses membres, tout à la fois des protecteurs et des protégés.

Tels sont les bienfaits incomparables de l'union de la famille. Personne ne songe à les contester, et cependant, combien il en est peu qui les estiment à leur valeur ! Avec quelle légèreté le plus grand nombre, n'écoutant que la passion du moment, prononcent qu'il n'est pas besoin de se gêner pour la famille, et qu'on peut vivre très heureux loin d'elle. Que de bonnes raisons, pour mépriser l'œuvre de Dieu et l'ordre qu'Il a établi ! Bien que nous ne puissions supprimer les bienfaits immédiats que doit nous procurer la famille, celle-ci ne conserve pas moins sa mission tutélaire et providentielle, et celui qui la méconnaît gémira tôt ou tard de son erreur.

Pour vous, mes bien aimés, gardez votre union comme la prunelle de votre œil, que le moindre grain de sable affecte douloureusement, et ne tolérez pas que votre esprit accueille le plus léger sentiment de division.

Si vous avez à vous plaindre, n'entretenez pas l'animosité dans votre cœur, mais expliquez-vous simplement. Au début d'une contrariété, l'accommodement est toujours facile, à la condition de n'exiger rien contre la justice. Le plus souvent, les longues inimitiés fraternelles (ce sont les seules qui se perpétuent) n'ont d'autre principe que des causes légères et même futiles. C'est ainsi qu'un ver imperceptible, ayant pénétré dans un beau fruit, s'y développe et le gâte bientôt complétement.

Je m'adresse à vous qui habitez le Val-des-Bois, où tout est splendeur dans ma pensée, où mon souvenir ne découvre pas un seul nuage. Vous y vivez en frères, inébranlables dans votre union, et j'admire la constante sérénité de vos jours s'écoulant dans la paix, dans cette paix que Jésus a apportée aux hommes, et qui surpasse tout bien. Ah ! je vous en conjure, chérissez ce petit coin de terre, et continuez à habiter ce Val béni, où règnent l'amour et la félicité. Là, tout vous attache et vous attire : votre berceau, vos épreuves, vos affaires, nos traditions, les restes vénérés de ceux qui nous attendent au Ciel !

Et puis, que de charmes sans fin dans notre délicieuse chapelle ! Quelle chaude atmosphère !

Considérez donc que notre Bien-aimé Sauveur Jésus habite le Val avec vous, qu'il l'a façonné avec toutes les tendresses de son Cœur, qu'Il en est le Roi, et que Notre-Dame de l'Usine en est la Reine ! Pouvons-nous être surpris que tant de faveurs aient procuré, à notre famille en particulier, une grande puissance de sanctification pour chacun de ses membres ?

Mais, il faut le reconnaître, c'est au Val surtout que s'exerce efficacement ce pouvoir de sanctification. C'est au point qu'on peut constater le refroidissement de ceux qui se tiennent à l'écart et cessent de participer à la vie du Val. Prenez donc soin, vous que les circonstances éloignent de la famille, de ne point vous séparer d'elle, mais de l'aimer tendrement, afin de jouir de ses bienfaits, et de vous maintenir dans ses traditions de foi, de piété et de dévouement. Au surplus, la prépondérance du Val ne constitue pas un privilège de supériorité pour ceux qui l'habitent ; c'est une aggravation de responsabilité, qui leur impose des devoirs plus étroits de douceur et de charité envers leurs frères absents.

Que mon très aimé et vénéré Bon Père me pardonne tout ce que j'ai pu faire contre lui, soit par méchanceté, soit par légèreté. Je proteste que je l'honore de toute mon âme, et que je l'aime de tout mon cœur. La splendeur de sa paternité est un des plus grands bonheurs de ma vie ; elle est un gage de sécurité pour moi quand je paraîtrai devant Dieu.

Je termine ici mon testament.

Au nom du Père, du Fils et du Saint-Esprit.

Fait en mon domicile, à Nice, rue Palermo, n° 5,

Le quinze décembre mil huit cent quatre-vingt-trois.

Signé : E. HARMEL.

Imp. coop. de Reims. rue Pluche, 24.